DE QUELQUES AMOUREUX DES LIVRES

PHILIPPE CLAUDEL

DE QUELQUES AMOUREUX DES LIVRES

que la littérature fascinait,

qui aspiraient à devenir écrivain mais en furent empêchés par diverses raisons qui tenaient aux circonstances, au siècle de leur naissance, à leur caractère, faiblesse, orgueil, lâcheté, mollesse, bravoure, ou bien encore au hasard qui de la vie fait son jouet et entre les mains duquel nous ne sommes que de menues créatures, vulnérables et chagrines.

FINITUDE

ISBN 978-2-36339-062-2

Il y eut ainsi, depuis des siècles, vivant dans une opaque et insoupçonnable solitude, des créatures qui pensaient que ce qui sourdait de leur cerveau et se traduisait en un assemblage de mots pouvait à l'humanité servir. La consoler, l'émouvoir, l'éclairer. On pardonna beaucoup au péché d'orgueil qui animait ces êtres. On les écouta souvent. On les célébra parfois. On donna à des avenues leurs noms. On sculpta dans le marbre et le bronze leur visage et leurs mains. On les coucha dans de grands dictionnaires, des encyclopédies. Il fallait bien voir leurs efforts se prolonger d'un écho. Mais au vrai, ils ne servirent à rien qu'à distraire les mortels de leur temps. Et leurs livres sont comme des mues tombées dans les siècles aveugles et sourds. Car rien jamais ne change l'homme. Rien ne remodèle la pâte dont il est fait, pour une fois et pour toujours. L'Histoire n'existe pas. Le Temps n'est qu'une illusion qui est l'autre nom de l'espoir. Car il en faut bien un. Sinon quoi ? Mais comment dire cela à l'enfant quand il s'avance dans l'âge de comprendre. Nous sommes les dépositaires de l'éternel mensonge. Nous le prolongeons. Le monde est une brume de chaleur qui s'élève dans le cœur d'un été qui n'est pas un été, mais le rêve de ce que pourrait être un été, s'il existait, s'il existait vraiment, ailleurs que dans les livres qui sont les matières fragiles de nos mémoires.

C'est cela qu'avait tenté de cerner Virgile Maubert (1962-2006), dans son roman *Le cercle*, autour duquel il avait tant tourné et tourné qu'il n'était jamais parvenu à traduire ce qui mordait chaque nuit son sommeil et ses rêves, son couple et ses heures, et le roman, à sa mort, n'était qu'un entassement de feuilles noircies d'une écriture penchée, comme soufflée par le vent d'une tempête marine, que sa femme trouva dans un tiroir de son bureau, tandis que le corps de Virgile – on était quelque trente-sept minutes après sa mort – se balançait encore au crochet du lustre du salon éclairé par six ampoules basse tension qui donnaient à son teint des lueurs froides et un peu vertes. Mais Virgile Maubert, mort avant même d'être Virgile Maubert car ce n'était là qu'un pseudonyme qu'il s'était choisi, et qu'il traîna dans l'intimité familiale comme une vieille pantoufle de soie perdant d'année en année son satiné reflet, sa femme le moquant lorsqu'elle le voyait écrire – oh que nos proches, ceux que nous aimons du plus profond de notre cœur, peuvent parfois être le miel qui nous contente et l'acide qui nous ronge ! – lui disait, « Arrête de faire ton Virgile, viens plutôt m'aider à laver la vaisselle, Benoît ! » car l'écrivain, même si toutes les légendes veulent nous faire croire le contraire est une créature coincée dans son siècle, qui possède une âme mais aussi un estomac, des intestins et un rectum, et Virgile Maubert dont nous tairons le nom véritable, disons que c'était un homme avec un nom d'homme véritable et cela est bien suffisant, avait désiré plus que tout durant son petit passage sur terre rejoindre la communauté des littérateurs. Il n'y était pas parvenu. Il n'était pas le seul, ni le premier.

& il y eut celui à Sparte qui couvrit le temple d'Athéna de formules heureuses, qui célébraient la peau des jeunes filles, le sourire de sa mère, le ventre des chevreaux et l'odeur du thym, gravées à même la pierre blonde de la pointe d'un clou de fer, et qu'on arrêta un matin sans motif clair, peu avant le lever du soleil, et qu'on enferma dans l'ombre indifférente d'une prison, et on ne sut jamais ce qu'il devint là-bas, mais pour qui sait chercher parmi les ruines des hautes civilisations, on peut lire encore parmi les éboulis de sites livrés aux vents, aux siècles et aux pluies douces, quelques échos de ses mots, ses mots qui regardent le grand ciel des nuits et des jours à travers la finesse souriante de leurs sillons.

& il y eut aussi celui qui habitait une maison dont il avait entièrement tapissé les murs de pages arrachées aux plus mauvais romans qu'il avait été contraint de lire et qui, vivant dans la compagnie constante de phrases affligeantes – chambre à coucher, cuisine, salle de bain, w.-c., penderie, bureau, cave – écrivait des romans de haute tenue mais qui ne trouvèrent hélas pas de lecteurs.

& celui à qui soudain de l'encre se mit à sourdre des doigts tandis qu'il suait sang et eau devant une page blanche et qui, ne pouvant plus écrire une seule ligne qui n'était pas immédiatement noyée sous le flot d'encre, termina sa vie comme attraction dans un cirque itinérant de Moravie.

& cet homme, Mounir Beyoglu, vivant près d'Izmir qui, dès le matin, se réveillait avec un roman en tête, et puis laissait monter en lui le désir d'écriture, pendant son petit-déjeuner, ensuite durant son rasage, commençant mentalement le premier chapitre sous la douche, et se recouchait dans la tiédeur du lit qui lui servait de couveuse, opérant ainsi une sorte de fermentation du texte, son ordinateur portable tout à côté de lui, comme un autre corps, un animal de compagnie, un esclave attendant les ordres, laissant aller son regard par la fenêtre derrière laquelle on voyait la cime de quelques cyprès se balancer sous le vent, et il était déjà plus de neuf heures, aucune ligne n'était encore écrite, alors la morosité le gagnait peu à peu, sous l'effet du temps qui se perdait, de la lumière du jour qui envahissait progressivement la chambre la rendant plus dessinée et moins douillette et, sentant soudain le désir d'écriture et le sujet de son roman lui échapper, finissait par s'adonner à une mélancolique masturbation entre ses draps qui n'aboutissait à rien d'autre qu'un éjaculat mesuré, blanchâtre, accompagné d'un soupir triste.

& cet autre, qui sentait qu'il avait un grand roman en lui, un roman qu'il écrirait avec ses tripes, mais au fur et à mesure qu'il cogitait ce roman, qu'il en parlait autour de lui, qu'il en échafaudait le plan minutieux, il fut pris de douleurs de plus en plus vives à l'abdomen, douleurs devenues si insupportables qu'il fallut l'opérer au bout de quelques mois et le chirurgien incrédule trouva dans son estomac un livre de mille pages, malheureusement rendu illisible par les sucs gastriques qui avaient entièrement dissous les caractères imprimés.

& cet autre encore qui chaque mois commençait un nouveau livre, dont il cessait l'écriture au bout de quelques jours, comme on abandonne une conquête avec laquelle on a fait deux ou trois fois l'amour, et dont on se rend compte en définitive qu'elle n'est pas notre genre.

& ce poète écossais, au faible auditoire national, qui était parvenu à se faire inviter dans un congrès en Islande, *Nouvelles voix/voies européennes*, et que l'on retrouva ensanglanté et en larmes auprès des corps de ses confrères irlandais et serbe, plus chanceux que lui quant à la réception de leurs recueils dans leur pays respectif, dont il avait fracassé le crâne comme une noix et ouvert le tronc en deux, du pubis à la gorge, fouillant à pleines mains leurs cervelles et leurs entrailles pour tenter de comprendre, ainsi qu'il l'expliqua aux policiers de Reykjavik, « comment ils étaient faits ». Et s'il pleurait, ce n'était pas parce qu'il regrettait son geste, mais parce qu'il ne lui avait pas permis d'en savoir davantage.

& ce timide Japonais, Norio Sahanori, qui fut surpris à dévorer des livres dans une librairie du quartier nord d'Hokishoka, s'excusant d'avoir englouti le recueil d'haïkus de Funshi en trois bouchées, prétextant « une petite faim subite ».

& celui qui se retint d'écrire pendant près d'un an, se laissant peu à peu remplir par son texte, repoussant jour après jour sa capacité de rétention afin que le volume soit d'une taille démesurée, comme on se retient de respirer le plus longtemps possible après avoir empli d'air ses poumons jusqu'à les faire exploser, et qui, le jour où il se décida à poser la première phrase sur le papier eut la déconvenue de sentir qu'il se vidait en un instant dans un bruit de chasse d'eau, et ne put retenir les dizaines de milliers de mots qui s'échappèrent de lui comme un torrent de rinçures.

& cet homme de 48 ans, Leonord W. P. Rosemond, grainetier, qui se présenta au commissariat de Glasgow le 4 septembre 1976 et accusa Marcel Proust de plagiat, prétendant être le seul et unique auteur de *À la recherche du temps perdu* qu'il se mit, pour prouver sa bonne foi et appuyer sa plainte, à réciter en français devant les policiers qui ne purent l'interrompre, récitation qui dura neuf jours et neuf nuits – tout d'abord une nuit au commissariat puis ensuite à l'hôpital psychiatrique David Sullivan, de façon quasi ininterrompue, Rosemond refusant toute nourriture, acceptant seulement de boire de l'eau. La longueur de l'exercice permit de faire venir trois spécialistes de l'œuvre de Proust, dont son fameux biographe George D. Painter, ainsi qu'un huissier, tous quatre comparant ligne à ligne la récitation de Rosemond à une édition de référence de la *Recherche*. Il fut alors constaté que pas une seule fois Rosemond ne se trompa, n'oublia un seul mot ni n'en rajouta un autre. À l'issue de ce marathon dont le Dr Mac Ewan, psychiatre, fit un enregistrement audio – et c'est émouvant d'entendre la voix rugueuse du grainetier réciter le texte et prendre par instants des inflexions quasi féminines –, Rosemond ne prononça plus une seule parole. Il mourut dix jours plus tard, entouré de sa femme et de ses trois enfants, hébétés. L'enquête ne permit pas d'élucider l'affaire. On ne trouva chez le grainetier aucun exemplaire de l'œuvre de Marcel Proust publiée, faut-il le rappeler, entre 1913 et 1927 soit plusieurs années avant la naissance de Rosemond. Sa femme témoigna qu'il n'ouvrait jamais un livre, ses seules lectures étant consacrées aux divers catalogues de graines et d'outils de jardinage dont il faisait commerce. Elle ajouta qu'il ne parlait pas le français et ne l'avait jamais appris. L'affaire fut classée sans suite. Le Dr Mac Ewan fit une communication consacrée à Rosemond en mai 1982 – «*Leonord William Philip Rosemond, between echo and madness : an interesting case of literary appropriation*» lors d'un congrès de *l'American Society of psychanalytic studies* à Vancouver, mais sa communication fut perturbée par un psychologue argentin, Dario Fontinetti, qui s'invita sur scène, le gifla, lui arracha le micro, et se lança dans une diatribe contre le Royaume-Uni engagé à cette époque dans la guerre des Malouines. Les agents de sécurité mirent plusieurs minutes avant de le maîtriser et de l'expulser de la salle mais l'incident avait tant choqué Mac Ewan qu'il préféra renoncer à poursuivre son intervention.

& celui qui aurait pu être un immense écrivain s'il n'avait pas eu la femme qu'il avait.

& cet autre, Norbert Artiguette, rentier monégasque, qui inonda un bon nombre de maisons d'édition anglaise, américaine, japonaise, allemande, estonienne, espagnole, finlandaise, croate et thaïlandaise des exemplaires de son manuscrit, *Le fil du rasoir* – constamment refusé – ce qui lui permettait tout de même dans les dîners en ville d'affirmer – et il ne mentait pas complètement – qu'il avait des lecteurs dans près d'une dizaine de pays.

& ce bossu qui hantait le faubourg Saint-Marceau dans le Paris des années 70 et que chacun connaissait pour l'avoir une fois au moins vu à l'œuvre quand il arrêtait les passants et leur disait qu'il avait « le cœur gros de livres ».

& celui qui affirmait qu'il avait au lycée fréquenté Froissart, René Descartes, Jean Racine, Beaumarchais et Gérard de Nerval, ce qui d'ailleurs, assurait-il, avait décidé de sa vocation. Et si on mettait en doute son propos, en arguant notamment du fait qu'il était né en 1956, il entrait dans une rage folle

& ce sergent de la Waffen SS, Adolph Bienbenkratz qui fut arrêté par la Gestapo dans les égouts de Paris le 5 juillet 1942 tandis qu'il ne cessait de répéter en hurlant qu'il allait tuer Javert. Envoyé sur le front de l'Est où il accepta les missions les plus dangereuses, il survécut à trois blessures majeures, fut décoré de la Croix de guerre et finit ses jours dans une maison de retraite du Palatinat, rédigeant ses mémoires, animant le club lecture et confectionnant des linzertorten.

& celui-là qui prétendait d'une part que les idées de roman ne lui venaient que sous la douche, et que d'autre part il lui était impossible d'écrire autrement qu'avec un ordinateur, et qui mourut bien avant que soit inventé l'ordinateur étanche, ce qui priva l'humanité de son œuvre.

& cette romancière morte il y avait plus de soixante ans mais dont on ne cessait d'exhumer des inédits, et dont le succès public s'amplifiait à mesure des publications.

& cette femme portugaise, Luisa Bacalhao da Silva, employée de maison, divorcée, dotée d'un appendice nasal prononcé et d'un très faible quotient intellectuel, amatrice de poésie sentimentale dont elle empruntait des recueils à la bibliothèque de son quartier, et qui se réveilla un matin la poitrine couverte de quatorze pustules rosées de la grosseur et de la forme d'une petite fève, qui laissèrent dubitatif le dermatologue consulté. Lorsqu'il prit la décision de les inciser après avoir pratiqué une légère anesthésie locale, il sortit de chaque pustule un alexandrin parfaitement formé, et le tout composa un sonnet à l'eau de rose, de forme irrégulière.

& cet individu nommé Rimbaud et prénommé Arthur, né exactement le même jour, à la même heure, la même année et dans la même ville qu'Arthur Rimbaud, l'autre, le vrai, et qui, profitant de ce que celui-ci après quelques déboires sentimentaux s'enfuit en Arabie, cessa de donner des nouvelles, continua son œuvre comme si de rien n'était, quelques années durant, essaimant çà et là des poésies, avant de finir son existence de faussaire, gangrené et fiévreux, dans un lit d'hôpital marseillais, en 1891 dans une chambre contiguë à celle de celui auquel il s'était substitué et qui se mourait des mêmes maux que lui.

& ce Cubain, Rodriguo Benitez, héritier d'une prospère manufacture de cigares et grand amateur de philosophie, qui pour élever le niveau d'éducation de ses employés leur fit faire la lecture à haute voix de la *Phénoménologie de l'esprit* pendant les heures de travail, ce qui donna naissance à un cigare à la forme tortueuse, le *Hegel*, infumable et invendable, et qui provoqua précipitamment sa faillite.

& celui qui fit le projet monstrueux de s'accaparer la Bible, de la réécrire à sa manière, dans sa langue qu'il avait, nous dit Luther, *estropiée et fleurie*, et qui fut condamné par les autorités de Magdebourg à mort par décapitation.

& cet homme dont l'histoire est rapportée par Xéphanis de Smyrne qui fit graver sur la peau d'un de ses esclaves, qui était un de ses amants, un poème qu'il avait composé et qui célébrait Apollon. Puis il fit tuer l'esclave, prélever sa peau, la fit tanner et tendre sur un cadre de cèdre qu'il disposa en bonne place à l'entrée de sa demeure où il se plaisait à recevoir et à célébrer les arts, l'amour et l'amitié. L'historien rapporte que, lorsqu'on effleurait la peau tannée de l'esclave, il en naissait un murmure qui ressemblait à une plainte amoureuse.

& cet autre homme incarcéré durablement par un régime autoritaire et qu'on priva de tout loisir, dont la cellule était aussi nue que lui l'avait été au premier jour de sa vie et qui, pour passer le temps qui ne passait pas, s'inventa pour lui seul des romans de tous genres et de tous styles, qu'il écrivait mentalement et avec patience, pour les ranger ensuite dans son cerveau qu'il avait remodelé comme une bibliothèque et qui contenait, au moment de sa mort, mais ses geôliers n'en surent rien, six cent quarante trois ouvrages.

& celui que tous, depuis son plus jeune âge et sans raison objective, voyaient comme un futur grand écrivain, et qui retardait d'année en année le moment de s'atteler à un roman, mais entretenait le mystère et le suspens, aimant ce statut qu'on lui avait fait et qui lui avait permis de trouver une place dans le petit monde littéraire, place qu'on aurait eu du mal à définir et préciser, pas vraiment éditeur, pas vraiment lecteur, pas vraiment conseiller, mais présent à chaque cocktail et lancement, qui, parvenu à 63 ans, un peu gras et couperosé, se mit enfin à rédiger son roman, et quand il l'eut achevé et qu'il le fit lire autour de lui à tous ceux qui le chérissaient, ceux-ci se rendirent compte qu'ils avaient misé sur le mauvais cheval, que son texte ne valait pas tripette, et ils se détournèrent subitement de lui, ce qui le fit mourir de tristesse, de faim et de honte.

& ce romancier quinquagénaire, au public abondant, qui lorsque son éditeur mourut cessa définitivement d'écrire, ne se préoccupa plus de littérature, vendit sa maison et tous ses biens, et partit vivre avec son chien dans un hameau de montagne qu'il ne quitta plus.

& celle-ci qui renonça à toute écriture à 23 ans après avoir reçu l'avis sévère de sa meilleure amie à qui elle avait fait lire un manuscrit, amie qui déclara qu'au nom de leur complicité profonde et vraie elle se devait de lui dire que son texte était de très médiocre qualité, laquelle lorsque la vie les mit trente ans plus tard de nouveau en présence après les avoir longuement éloignées l'une de l'autre, lui avoua, avec de légers remords dans la voix, qu'elle n'avait pas pris la peine alors de lire le manuscrit car elle avait dû précipitamment ranger sa chambre avant la visite de ses parents, mais que, ses parents étant morts depuis bien longtemps, elle avait désormais un peu de temps, et qu'elle le ferait volontiers, et qui ne comprit nullement pourquoi son amie de jadis lui cracha au visage et la laissa plantée là.

& celui-là qui taillait sans cesse ses crayons de papier tandis que les idées lui venaient, les idées ne pouvant venir que lors de ces séances durant lesquelles pendant des heures il taillait ses crayons, mais quand il se décidait à recopier tout ce qui lui était venu en esprit, il n'avait plus de crayons pour le faire, et qui fit ainsi la fortune de son papetier, mais dont aucun libraire ne connut jamais le nom.

& cet érudit brésilien, auteur de récits légers, qui s'enferma dans sa bibliothèque laquelle en plus des siens contenait six mille volumes, la plupart originaux, en tout cas fort rares, pour s'y immoler dans le désir de mêler ses cendres et celles de ses livres aux cendres des ouvrages de Dante, Erasme, Cervantes, Pascal, Voltaire, et de beaucoup d'autres afin que rien ne pût jamais les distinguer, ce en quoi il fut exaucé.

& cet autre encore qui se persuada que parler nuisait à son écriture, et qui s'enferma dans un mutisme complet ce qui provoqua chez lui une surproduction qu'il eut toutes les peines du monde à écouler auprès des éditeurs, obligé qu'il fut alors de faire appel à des revendeurs de bas étage qui l'escroquèrent sans vergogne.

& cet individu nommé Lothaire Bondissant, citoyen uruguayen malgré son patronyme aux consonances toutes françaises, qui dans les premières années du siècle prétendit détenir un manuscrit original du penseur bavarois Nathanaël Bilgart (1603-1678) intitulé *De natura rerum secundum*, qu'il proposa à la vente chez Sotheby's à Genève, mais vérifications faites – brèves vérifications tant l'escroquerie était grossière – il ne s'agissait que de la traduction malhabile et comiquement fautive du mode d'emploi d'une chambre froide industrielle, la GH34-67 de fabrication polonaise, traduction obtenue par le biais de *Google translate* et recopiée sur des feuilles de papier A4 de 90 gr, grossièrement vieillies à la fumée et au brou de noix.

& ce pauvre bégayeur, dont le crayon reprenait infatigablement la même phrase hoquetante, et qui ne put jamais, malgré les secours de la médecine et les diverses cures visant à le guérir de son défaut, écrire le grand livre qu'il pensait avoir en lui.

& ce poète de cour de la Chine de l'époque Han qui commençait à lasser son seigneur en mettant en vers mélancoliques les malheurs des hommes alors qu'il vivait dans le luxe, mangeait les mets les plus délicats et dormait dans un lit laqué, caressé par ses quatre jeunes épouses. Le seigneur ordonna qu'on lui coupât les jambes, le bras gauche, arrachât la langue, crevât les tympans ainsi que l'œil droit, rabotât le nez, et le castrât. Il le logea dans un cul de basse-fosse, lui enleva ses épouses et les remplaça par une vieille qui sentait l'urine et la merde et dont la peau avait la rugosité de celle du porc. Il le fit vêtir d'une seule tenue de gros drap et nourrir d'épluchures. Dans les six ans qu'il lui resta à vivre, le poète n'écrivit plus aucune ligne sur le malheur mais composa *Les Dits de l'estropié* connus pour leur truculence, leur salacité et leur comique parfois fin, souvent grossier, mais toujours efficace, qui réjouirent son seigneur et ne lui firent jamais regretter sa décision.

& celui qui il y a bien longtemps fit du tapage en Palestine, parlant à voix haute et sans vergogne quand le vin de palme lui avait tourné la tête, entraînant à sa suite une douzaine de jeunes gens désœuvrés de son espèce, qui abandonnèrent famille et travail pour l'accompagner en guenilles sur les routes, recueillant ses propos confus et illuminés, et ne tiquant même pas lorsqu'il se disait fils de Dieu, ce qui finit tout de même par énerver les Romains – on peut les comprendre – qui n'y allèrent pas par quatre chemins et le crucifièrent comme c'était alors la mode pour les délinquants, les voleurs et les fauteurs de trouble, ce qui eut pour conséquence qu'il ne put jamais relire les épreuves de son livre qui néanmoins accéda au statut de best-seller durant deux mille ans.

& cet auteur français du début du XXIe siècle qui avait obtenu de grands succès publics et critiques quelques années auparavant, mais dont les livres peu à peu se vendirent moins, et plus du tout, et qui se réveillait chaque matin avec en tête une idée prodigieuse de nouveau roman mais qui, quelques heures plus tard, alors qu'il fouinait dans une librairie de la rive gauche, car le contact des livres neufs lui était aussi indispensable que le parfum des fumeries d'opium pour celui qui est devenu dépendant de cette drogue, découvrait que le dernier roman de X, ou de Y, ou de Z, était celui qu'il venait de rêver. Il se persuada progressivement qu'un complot du monde de l'édition l'avait pris pour cible et finit par se suicider en se jetant dans la Seine lesté du poids de son ordinateur, de deux ramettes de papier vierge et de son imprimante.

& celui-là, bernois, qui avait fini par trouver terne et trop usée sa langue maternelle, au point qu'il lui paraissait inconcevable de continuer à l'utiliser pour écrire des œuvres nouvelles, qui eut alors l'idée d'inventer une langue, qui n'aurait aucune référence commune avec une langue existante. Il consacra sept ans de sa vie à en bâtir le lexique et la grammaire, puis trois autres années à la maîtriser parfaitement, aussi bien à l'oral qu'à l'écrit, et enfin quatre ans à parvenir à concevoir et rédiger un roman dans cette langue nouvelle, roman qui fut refusé sans exception par tous les éditeurs auxquels il le proposa, mais qu'il se plaisait à relire régulièrement pour occuper son temps dans sa chambre de l'Institut Friedrich Bielezacher de Zurich où sa famille s'était résignée à le faire interner.

& ce poète et psychiatre des Balkans devenu boucher par les hasards et soubresauts de l'Histoire qui, entre deux vers qu'il ciselait, ordonnait le massacre de milliers d'hommes.

& ce romancier dérangé qui parvint à assassiner en cinq jours trois académiciens parce que, affirma-t-il, il voulait « prendre leur place » et à qui on en donna une, de place, immédiatement, dans un asile.

& cet autre, tout aussi fou, qui prétendait que son chef-d'œuvre se logeait dans l'hémisphère gauche de son cerveau alors qu'il disait n'avoir pour le moment accès qu'au seul hémisphère droit et qui passa des années à chercher comment aller de l'un à l'autre et qui finit, désemparé, par se tirer une balle dans la tête, laquelle balle trouva quant à elle facilement le chemin qui reliait les deux hémisphères.

& cette jeune femme qu'on venait entendre de loin, à l'entrée d'une grotte, dans des vapeurs soufrées, réciter une histoire les yeux clos, comme si elle sortait du puits profond de ses entrailles, et dont elle n'avait le lendemain plus aucun souvenir, mais dont beaucoup se servaient par la suite pour orner leurs récits ambulants, qu'ils essaimaient dans les campagnes, et cela durant des siècles.

& celui qui se croyait l'auteur du livre alors qu'il n'en était que le personnage.

& celui-ci encore, qui défraya en 1967 la chronique de la principauté de Vaduz, en publiant à compte d'auteur un long récit décrivant le meurtre de Nan Sung B. femme de ménage birmane, travailleuse clandestine, puis la dissection de son cadavre, sa congélation, suivie des partielles et progressives décongélations, la façon dont il avait cuisiné les différentes parties du corps de la victime, leurs ingestions, les vins qu'il avait choisis pour les accompagner, la couleur et la densité des excréments qui résultaient de ces agapes, en des termes si précis et avec une quantité de détails tellement saisissants qu'il fut arrêté, jugé et condamné à la réclusion criminelle à perpétuité – bien qu'il se défendît comme un beau diable, mettant à la fois en avant son innocence et le droit à l'imagination de tout créateur – pour meurtre et anthropophagie par la Haute Cour de justice de Vaduz alors même qu'aucun relief de cadavre ne fut découvert chez lui ni qu'aucune disparition d'une quelconque Nan Sung B. ne fut jamais signalée. Quand le Président du tribunal lui donna la parole une dernière fois après l'énoncé du verdict, il émit un seul regret, celui d'avoir rédigé son texte à la première personne.

& ce mathématicien qui conçut une intrigue puis la réduisit en équations, ce qui donna un livre bref et abscons, compréhensible par lui seul.

& cette cohorte anonyme dans laquelle s'amalgament au sein d'une brume commune toutes celles et ceux qui ont un jour écrit et publié des livres, qu'on a depuis longtemps oubliés et qui ont disparu, livres et auteurs, au gré de la versatilité des peuples et des incendies des bibliothèques.

& cet écrivain qui, parvenu à la fin de sa vie, alors qu'il recevait une distinction internationale pour l'ensemble de son œuvre, s'excusa pour tout ce qu'il avait écrit, affirmant *qu'il n'y était pour rien.*

& cet autre, vivant sous Staline, qui laissa de côté ses propres travaux littéraires qui l'apparentaient dans ses débuts à l'élan neuf qu'avait incarné Maïakovski pour écrire de nombreux ouvrages historiques à destination des écoliers du pays, dans lesquels sans le moindre état d'âme il déformait les faits, arrangeait les dates, faisant disparaître tel acteur historique, apparaître tel autre, attribuait au Petit Père des Peuples quantité de phrases profondes qu'il n'avait jamais prononcées, et taisait quantité de méfaits, de massacres, de déportations et d'exécutions qu'il avait en revanche bel et bien ordonnés. En près de vingt années, il construisit ainsi une œuvre qui, sous couvert de manuels scolaires et dans la langue simple qui caractérise ce type de livres, passe désormais pour un des plus grands cycles de contes et légendes du XXe siècle.

& cet autre fort vieux, qui se vit couronner par le prix Nobel de littérature, mais qu'on ne fit pas venir à Stockholm pour la cérémonie car dans la maison de retraite où il vivait depuis quelques années, il ne parvenait plus à faire la différence entre une pomme et un déambulateur, essayant de croquer l'un et de s'appuyer sur l'autre, et ne se souvenait aucunement qu'il avait consacré sa vie à la poésie.

& celui qui se servait de ses livres pour coucher avec ses lectrices, ce qui lui permettait de concevoir son prochain livre, dans lequel il racontait qu'il couchait avec des lectrices, ce qui donnait envie à certaines de ses lectrices de coucher avec lui lorsqu'elles le rencontraient dans des séances de dédicaces, certaines d'entre elles sautant le pas, ce qui lui donnait matière au livre suivant, etc.

& cet homme qui fit tout pour cesser d'écrire mais auquel la médecine ne put proposer aucun traitement de substitution.

& cette romancière du Devonshire, férue de littérature romantique anglaise, d'Orient et de cigares, qui dans les dernières années de sa vie voulut entrer en correspondance avec Lord Byron car elle avait, prétendait-elle, « une importante communication à lui faire », et qui essaya tous les moyens pour y parvenir, consulta des voyantes, des mages, des spirites, des sorciers et des marabouts, mais Lord Byron devait être fort occupé car jamais il ne répondit à ses signaux. Elle en conçut un vif désappointement et le raya de son testament, malgré les remarques de son notaire, James Baldewnie, qui lui disait que ce n'était ni la peine de coucher Lord Byron sur le document, ni ensuite de le rayer puisque, mort depuis plus de 150 ans, il ne pouvait prétendre en l'état hériter de quoi que ce fût.

& ce Juan Opiedo, dont parle Borges, qui toute sa vie exerça la profession de cordonnier et qui sur chacune des semelles des chaussures qu'il rafistolait écrivait des vers de sa composition qui finissaient par disparaître peu à peu, usés par la marche sur les trottoirs de Buenos Aires.

& cette lectrice qui ne faisait l'amour qu'avec des écrivains dans l'espoir d'accoucher d'un livre. Elle ne réussit qu'à tomber enceinte de jumeaux dont elle préféra avorter car elle ne voulait pas courir de risques, ne sachant plus très bien si leur père était un poète alcoolique ou un auteur de romans d'épouvante.

& cet écrivain autrichien, Baldur von Taxenberg, qui, vexé qu'un critique du fanzine underground *HZD* ait pu dire que ce qu'il écrivait était « de la merde », rédigea un long poème en prose, *Meine Scheize*, sur un rouleau de papier hygiénique rose, traçant les lettres à l'aide de ses seuls excréments, poème qu'il envoya ensuite sous pli recommandé au critique.

& cet autre encore, Roland Bourreteau, agriculteur dépressif et surendetté, qui enleva trois adhérentes de la bibliothèque municipale de Lure (Haute-Saône) et qui les retint dans sa ferme durant quatre jours, ligotées à un radiateur, afin de leur lire un roman inédit de sa composition, *La tronçonneuse bleue*, mais qui ne put atteindre le mot « fin » car le GIGN lança un assaut au cours duquel il perdit la vie.

& cette femme, Anna Koubliskaïa, dont on ne sait à vrai dire si elle a réellement vécu ou si elle est le fruit de l'imagination d'un écrivain, et dont le souvenir nous est parvenu au détour d'une anecdote publiée dans le *Journal des théâtres* de Saint-Pétersbourg, notule signée des seules initiales D. F. dans laquelle il est question de Nicolas Gogol contant à son auditoire – la scène se passe dans le salon de la princesse Prichnine – le cas d'une femme vivant dans la région de Vladiviev, qui était parvenue à enlever un poète errant et l'avait enfermé dans une sorte de cage aménagée dans sa cuisine, sur le modèle des cages à oiseaux ou des cages à volaille, à travers les barreaux de laquelle elle le nourrissait de pain et d'eau, de graines parfois, à condition que chaque jour il lui inventât et lui récitât un poème. On découvrit le pauvre homme, après des années de captivité, voûté, maigre, nu, chevelu, barbu, les ongles des mains et des pieds longs de quarante centimètres et qui faisaient des rouleaux de cornes, ânonnant des sonnets, des pantoums, des élégies et des madrigaux à sa maîtresse et tortionnaire morte d'un coup de sang et qui gisait étendue au pied de la cage. Il avait totalement perdu la tête et poussa de longs gémissements quand on fit disparaître le cadavre de la vieille et qu'on voulut le libérer. Il ne recouvra pas la raison mais cessa définitivement de déclamer des poèmes grâce au traitement auquel le soumit un médecin de campagne, Igor Brochenko, adepte des chocs électriques et du magnétisme.

& celui qui prétendit contre l'évidence qu'il n'était pas l'auteur de ses livres mais qu'une voix les lui avait dictés.

& cet homme qui avant même de publier avait choisi le pseudonyme de Jean-Noël Sisyphe, et qui voyait s'effacer aussitôt de son écran ce qu'il venait d'y d'écrire.

& cet autre, Maroul El Bahranei, égyptien de 62 ans, qui s'était retranché dans les toilettes du centre culturel copte d'Alexandrie avec dix otages et qui menaçait de tout faire sauter si personne ne publiait son roman, *Reviens petite princesse*, et qu'on laissa faire.

& ce dramaturge italien, Gianni Giannello, peu joué de son vivant et plus du tout ensuite, qui s'évertua à concevoir une pièce sans personnages et qui tomba raide mort quand, après des années de réflexion et de labeur, un de ses confrères avec lequel il prenait un ristretto au comptoir de la *Tazza d'oro* en face du Panthéon tout en fumant un cigarillo fiché dans un fume-cigarette en argent ciselé qui avait appartenu à son grand-père, un juriste spécialisé dans le droit canon, lui apprit qu'un certain Samuel Beckett l'avait fait avant lui.

& cet homme qui durant toute son existence refusa constamment de publier ce qu'il écrivait, qui vivait dans une misère crasse, tournait le dos aux à-valoir mirifiques que lui proposaient quantité d'éditeurs alertés par des rumeurs qui le présentaient comme un nouveau Socrate, qui devint pour cela une légende à laquelle six essais et trois biographies furent consacrés mais dont personne, jamais, ne put lire une seule ligne, à tel point qu'aujourd'hui certains chercheurs mettent en doute le seul fait qu'il ait pu un jour en écrire une, voire même tout bonnement qu'il ait existé.

& tous ces gens écrivant des romans et les postant sur internet, comme un pêcheur lance sa ligne et son bouchon dans l'eau, espérant qu'un poisson s'intéressera à son leurre, et qui relève de temps à autre sa canne pour voir si l'asticot gigote encore.

& celui qui à force d'utiliser constamment des pseudonymes pour publier ses livres perdit jusqu'à l'usage de son nom et ne parvint plus à se souvenir de lui quand il s'agît, à l'occasion d'un banal contrôle de police sur le périphérique, de décliner son identité.

& cet homme qui décrétait qu'un bon romancier ne peut avoir moins de 40 ans et qui mourut d'un accident vasculaire cérébral à 38 alors qu'il venait de se mettre à la tâche.

& le cas douloureux de Milton Ephraïm, poète né en Pologne à Lublin en 1928, émigré en Israël en 1948, qui écrivit son grand œuvre, *Le luisant moqueur*, tandis qu'il était détenu dans le camp de Treblinka où il fit partie pendant trois années d'un *SonderKommando*, stockant dans le seul endroit où on ne pouvait rien lui dérober, son cerveau, les vers qui chaque jour s'ajoutaient à d'autres vers, les retenant en se les récitant, bouche close, et poursuivant l'écriture immatérielle du texte tandis qu'il traînait vers des fosses communes des centaines de cadavres pour les recouvrir d'un peu de chaux et de terre.

& cet homme qui exerça le métier d'éditeur mais ne publia aucun des milliers de manuscrits qu'il reçut, car rien selon lui ne méritait le papier sur lequel il en aurait fait imprimer un seul, ni le temps que le lecteur aurait consacré à sa lecture, et qui mourut ruiné.

& celui qui souhaitait qu'on l'oublie et qui fut comblé.

& cette poétesse russe blanche exilée en France, sur la Côte d'Azur, après la révolution d'Octobre, et qui dès lors décida de ne plus écrire ses vers que sur le sable des plages, au cours de longues promenades matinales, estimant que la poésie ne pouvait pas prétendre à durer quand dans le même instant les mondes et les civilisations s'effondraient.

& cet original belge, Ambroise Loubratte, qui publia sous pseudonyme, entre 1917 et 1969, plus de soixante-dix romans pornographiques d'une crudité exceptionnelle et qui mourut vierge à l'âge de 84 ans.

& le premier écrivain, celui qui inventa l'écriture, ne se doutant pas, alors que ses motivations étaient purement économiques et comptables – en gros, savoir à peu près combien il restait de sacs de grain dans les réserves du prince mésopotamien qui l'employait – quels malheurs, déceptions et délires allaient provoquer son invention dans les millénaires suivants.

& cet auteur prolifique et reconnu, juré du plus prestigieux des prix littéraires de son pays, qui cessa d'écrire des livres quand il commença à devoir juger ceux des autres.

& ce tout jeune homme qui venait la veille d'achever la relecture du manuscrit de son premier roman, *An American half-dream*, une fresque cynique des années Bush, écrite dans une langue truffée d'hispanismes, résolument neuve, et qui, arrivé un peu avant l'heure sur son lieu de travail, une société spécialisée dans le traitement externe de logiciels pare-feu dont les bureaux étaient situés au 42e étage de la tour nord des Twin Towers, était occupé à l'imprimer tout en sirotant son *latte* et en mordant dans son donut à la myrtille lorsque son attention fut attirée par un bruit inhabituel et grandissant de réacteurs d'avion, et qui n'eut que le temps de tourner son regard vers la fenêtre derrière laquelle il se trouvait pour apercevoir un Boeing volant curieusement bas et qui fonçait droit vers lui.

& cet enfant de quatre ans, Kevin Douin, auquel Jean-Pierre Massimot, professeur de littérature contemporaine à Paris XIII consacra plusieurs articles qui firent référence – « Kevin Douin, le supra-Rimbaud », « Structures et résonances dans l'œuvre de Kevin Douin », « Le mort et le cru dans les *Radoreries* de Kevin Douin », « Approches douinesques et cosmogonie primale » – avant de lui consacrer sa thèse d'État « Innocence et viscéralisme en poésie : le cas de Kevin Douin » qui lui permit ensuite d'obtenir sa chaire et les honneurs qui lui étaient attachés avant qu'un de ses confrères, Xavier Longenkratz, comparatiste, avec lequel il avait eu un différend syndical à propos de la place de la machine à café dans la salle des professeurs – en deux mots, la machine devait-elle rester à gauche de la porte des toilettes ou migrer à sa droite ? – ne parvînt à démontrer que Kevin Douin n'existait pas et que Massimot avait lui-même, avec la complicité de son fils Brice lorsque celui-ci était en grande section de maternelle, créé l'ensemble du corpus attribué à Kevin Douin – *Radoreries*, *Chococrapettes*, *Gauffrapoutou*, *Confiture et pain perdu*, *la Brouette en plastoc* – publié aux Éditions du Vagabond – dont la gérante n'était autre qu'Elise Lèvre, médiéviste médiocre, concubine de Massimot et mère de Brice.

& cet homme lassé, honoré sur tous les continents, qui décida un jour de tourner le dos à tout ce qu'il avait écrit, prit des dispositions afin que les droits d'auteur de ses livres soit versés à des œuvres caritatives, disparut de son domicile sans laisser de traces, et que certains prétendent avoir croisé ici ou là – sur un atoll de Polynésie, au sommet du Kilimandjaro, dans un faubourg de Bombay – alors qu'il avait simplement été engagé comme vigile de nuit dans une entreprise de gardiennage et passait toutes ses heures nocturnes à regarder à la jumelle des entrepôts dont il ignorait le contenu, usant ses yeux et son cerveau à cela, perdant chaque jour peu à peu la mémoire de ce qu'il avait pu jadis concevoir, n'en percevant de temps à autre que des échos vagues, comme des voix entendues de très loin sortant de haut-parleurs déréglés, propos indistincts, et puis bientôt plus rien, plus rien du tout.

& cet autre qui attendit durant vingt-trois ans dans une pièce qu'un sujet de roman vînt le visiter, ce qui jamais n'arriva, sauf une fois, au cours de la sixième année, un jour brumeux de novembre, peu après 15 heures, alors qu'il s'était absenté quelques minutes pour se rendre aux toilettes, mais bien sûr à son retour il ne s'aperçut de rien et il était trop tard, car dans ces cas-là, il est toujours trop tard.

& ce Pierre Ménard habitant Annemasse qui voulut que le journal genevois *Le Temps* publiât à la mort de Jorge Luis Borges un rectificatif où il était précisé que, contrairement à ce qu'avait écrit le grand auteur argentin, ce n'était pas le *Quijote* qu'il avait mot pour mot recopié afin de le réinventer, mais l'*Odyssée*. Le quotidien ne prit pas au sérieux le courrier de cet homme de 82 ans qui dans les années trente avait à deux reprises disputé une partie de tennis avec Borges chez des amis communs, les Beaumont de Lalfosse, lequel s'était incliné sèchement dans les deux cas (6-1/6-2, 6-0/6-1) ce qui avait peut-être vexé l'Argentin au point de lui faire imaginer une légère déformation littéraire pour se venger.

& cette aristocrate madrilène, qu'évoqua André Pieyre de Mandiargues au cours d'une soirée surréaliste chez André Breton en mai 1932, nymphomane et raffinée, qui composa un recueil de courts poèmes rendant grâce au Créateur pour la beauté du monde et la perfection des corps, et dont elle écrivit chaque vers sur un tissu de velours grenat avec son index droit trempé dans le foutre de ses amants.

& cet homme qui avait conçu le projet d'un ouvrage d'où le temps serait exclu, qui n'aurait ni début, ni fin, ni déroulement, et qui ne sut jamais que ce n'était pas un livre qu'il avait imaginé mais l'univers avant sa création, duquel d'ailleurs il ne faisait pas partie.

& ce Coréen, Piugan Soon, dont l'œuvre entière a été achetée par le collectionneur François Pineau dont on attend qu'il l'expose dans une de ses fondations vénitiennes, qui pourrait passer comme un double ou un prolongement de la comtesse espagnole plus haut nommée, qui traça sur de grandes feuilles de papier bleu des stances célébrant la nature, les arbres et les oiseaux, la pureté des nuages et le parfum du vent, en se servant de la queue de son amant comme d'un pinceau, la trempant dans un bol qu'il avait préalablement rempli de son propre sang, ce qui, un jour, lors de ces séances de mutilation, de sexe et d'écriture, lui fut fatal.

& celui qui tentait de recruter ses lecteurs par petites annonces.

& cet autre qui accumulait les titres de roman – sa veuve en découvrit 5 320 à sa mort, tous déposés – mais n'en écrivit jamais aucun.

& ce voyageur infatigable, auteur d'une bonne trentaine de recueils de nouvelles mais qui finit, absorbé par ses constantes pérégrinations dans tous les continents et notamment celui de la fiction, par ne plus en donner une seule à sa femme, raison pour laquelle elle finit par le quitter, le plus cocasse sans doute étant que depuis lors on reste sans nouvelles de lui.

& ce romancier toujours insatisfait de son travail et qui passait son temps, caché dans les rayonnages des librairies à corriger ses œuvres à même les exemplaires qu'il y trouvait. Il fut de nombreuses fois pris en flagrant délit mais le juge peinait à trouver un chef d'inculpation pour caractériser ses actes, hormis celui de « dégradation de bien privé », mais l'écrivain rétorquait non sans raison que ce bien était en grande partie le sien et qu'il ne faisait qu'en user à sa guise, qui plus est en vue de son amélioration qui serait, à n'en point douter, profitable à tous.

& cet autre qui ne pouvait écrire sans boire, et qui dès lors qu'il était ivre écrivait des heures durant des pages et des pages qui se révélaient illisibles quand, dégrisé, ils les reprenaient le lendemain.

& cet autre encore qui traquait dans les tribunaux le sujet de ses livres et qui, trouvant décevant ce qu'il avait fini par y entendre et donc par écrire, assassina sa concierge dans des conditions particulièrement atroces ce qui lui permit par la suite durant ses dix-huit ans d'incarcération de composer son grand œuvre.

& celui qui commença à croire que chaque nuit quelqu'un venait observer son sommeil et tenter de surprendre ses rêves, de recopier les phrases qui lui échappaient, et se mit à devenir insomniaque, restant dans sa chambre, à demi assis dans son lit fixant l'unique porte de la pièce avec dans ses mains son fusil de chasse dont il finit par faire usage un matin, abattant d'une double décharge ordinairement destinée aux sangliers un livreur qui s'était trompé d'étage et d'appartement.

& cet Américain de l'Oregon, Bill Wismar, qui, ayant fait fortune dans le commerce des poutrelles métalliques, fit construire un parc d'attractions dans lequel furent édifiés des bâtiments dont l'architecture était calquée sur les descriptions des grands auteurs – ainsi l'auberge des Ténardier, la ferme du Père Rouault, la maison de Combray, le bureau où est employé Bartleby, le château de K., le cabinet du Docteur Bardamu. Lequel parc ne connut aucun succès et n'est plus fréquenté aujourd'hui que par le vent, la rouille et les animaux sauvages.

& celui qui ne vendit presque aucun de ses livres car il passait mal à la télévision.

& ce membre d'une paire d'écrivains qui signaient de leurs deux noms accolés des romans sur l'Égypte des Pharaons, remportant à chaque fois un succès important, qui finit par trancher au moyen d'une feuille de boucher les deux mains de son acolyte ne supportant plus de voir noté dans la presse que tous deux écrivaient des romans *à quatre mains*, alors que le mutilé, d'après le mutileur, ne faisait qu'apporter la trame et quelques idées mais n'écrivait jamais une seule ligne.

& cet autre qui décida d'inventer un nouveau signe de ponctuation qui avait la forme d'un point-virgule inversé, la virgule se trouvant au-dessus du point, et dont l'utilité était, selon son créateur, de « combler le vide scandaleusement dommageable entre le point et le point-virgule traditionnel ». Il en fourra dans tous ses romans mais fut bien le seul. Peu lu avant son invention, il le fut encore moins ensuite, les lecteurs semblant rebutés par l'apparition et la prolifération de ce qui ressemblait, objectivement, à un point d'exclamation en état d'ébriété.

& ce penseur à qui Héraclite doit tout mais dont il tut le nom, sciemment, dans les fragments qu'il rédigea et organisa pour la postérité, se rendant compte qu'il valait mieux faire croire qu'une partie d'entre eux avait été détruite afin de donner plus d'importance à ceux qui avaient été conservés, alors qu'en vérité ils n'avaient jamais existé, le vieux Grec était d'une fainéantise exceptionnelle.

& celui qui en voulut à Dieu de ne pas trouver de lecteurs pour ses récits fantastiques et merveilleux, comme si Dieu était là pour fournir en lecteurs les auteurs mal aimés, Lui qui ne s'intéresse pas aux livres qu'Il n'a pas écrits, et encore moins à ceux qui traitent de fantastique et de merveilleux.

& cet homme qui, ayant achevé la rédaction d'un pesant roman, se décida à le publier à compte d'auteur après avoir essuyé quarante-sept refus de maisons d'édition, et mourut écrasé par la palette qui contenait trois mille exemplaires de son livre que le livreur – un intérimaire sous-formé –, gerba de son chariot-élévateur un peu trop tôt devant son domicile à la suite d'une manœuvre involontaire.

& ce prêtre québécois de l'île d'Orléans, Jean-René Laframboisette, qui publia intégralement sur internet, dans un blog intitulé *Very hard Secret stories*, les confessions les plus érotiques que ses paroissiennes et paroissiens lui faisaient. Il fut révoqué par sa hiérarchie et ouvrit un sex-shop.

& celui qui se persuada que pour devenir écrivain il suffisait de le vouloir.

& cet explorateur britannique, Mathews Linnicoot, qui arrivant en 1734 dans ce qui est aujourd'hui la province d'Irian Jaya en Indonésie offrit aux autochtones rencontrés les six volumes *in-quarto* de ses *Voyages* édités par Simon Van Hoot à La Haye entre 1727 et 1731 et dont ceux-ci se servirent immédiatement pour allumer et entretenir le feu avec lequel ils le firent patiemment cuire.

& ce philosophe qui, se croyant dramaturge, dénigrait de son vivant ce que la postérité après sa mort décida de retenir de lui, mais s'enorgueillissait comme un paon de ce qu'elle jeta aux oubliettes, pièces historiques, drames mythologiques, comédies de bergères et de bergers. La seule consolation fut que, bien sûr, il n'en sut rien.

& celui qui n'a pas encore écrit, qui ne sait pas qu'un jour il écrira, et qui vit, heureux et léger, dans l'inconscience de cela, sans même profiter du fait qu'il n'est pas encore écrivain, sans même se rendre compte de la chance qu'il a de ne pas l'être.

Quant à moi, je vais mon chemin, hésitant toujours à poursuivre le fil des récits, qui sont mes amis chers et sans visage. Je ne suis rien qu'un faiseur de fumée, et je ne vis qu'un peu, qu'un tout petit peu, non pas par moi-même, mais dans l'âme de celles et ceux qui me donnent leur amour et leur estime. Mon continent est si petit. Je résonne comme une mélodie dans l'espace des autres qui me font la grâce de me considérer et de m'aimer. Je suis venu, je flotte. J'assemble les mots comme les osselets avec lesquels j'aimais tant jouer enfant, dans la descente du garage, par les jours d'été. En face de la maison de mes parents, dans mon dos alors, et devant moi aujourd'hui, il y avait, il y a, le cimetière. Nous jouions des heures. Nous jouions contre le temps et le mur chaud. Nous vidions nos poches de toutes les monnaies, celles qui n'avaient pas encore cours. L'enfance est dispendieuse. Elle a toujours raison. Elle est la chaleur et l'effroi des petites queues qui se dressent soudain dans les culottes courtes quand la première fille nous frôle et nous embrasse, nous embarrasse et nous ensorcelle pour des années durant, pour la vie qu'elle mènera d'un regard, d'une perle de salive et de la caresse espérée. Osselets. Jetés en l'air, dans le bleu du ciel, et qui retombent sur le revers de nos mains, comme la mort de laquelle alors on se permet de rire car son échéance est bien lointaine.

Comme tout est beau alors. Et doux.

Doux.

D'où viendra tout ce que nous tenterons de dire.

D'écrire aussi.

Un peu.

Parfois.

Avant de nous laisser glisser.

DU MÊME AUTEUR

ROMANS

Meuse l'oubli, Balland, 1999.

Le Café de l'Excelsior, avec des photos de J.-M. Marchetti, La Dragonne, 1999.

Quelques-uns des cent regrets, Balland, 2000.

J'abandonne, Balland, 2000.

Au revoir Monsieur Friant, Phileas Fogg, 2001.

Les Âmes grises, Stock, 2003.

La Petite Fille de Monsieur Linh, Stock, 2005.

Le Rapport de Brodeck, Stock, 2007.

L'Enquête, Stock, 2010.

NOUVELLES

La mort dans le paysage, illustration de Nicolas Matula, Æncrages & Co, 2002.

Mirhaela, avec des photos de Richard Bato, Æncrages & Co, 2002.

Les Petites Mécaniques, Mercure de France, 2003.

Trois petites histoires de jouets, éditions Virgile, 2004.

Fictions intimes, avec des photos de Laure Vasconi, Filigrane, 2005.

Ombellifères, Circa 1924, 2006.

Le Monde sans les enfants, avec des illustrations de Pierre Koppe, Stock, 2006.

Rambétant, Circa 1924, 2014.

RÉCITS & CHRONIQUES

Barrio Flores : petite chronique des oubliés, avec des photos de J.-M. Marchetti, La Dragonne, 1999.

Pour Richard Bato, Ænc rages & Co, 2001.

Nos si proches orients, National Geographic, 2002.

Le Bruit des trousseaux, Stock, 2002.

Carnets cubains, Librairies Initiales, 2002.

Trois nuits au Palais Farnese, éditions N. Chaudun, 2005.

Quartier, avec des photos de Richard Bato, La Dragonne, 2007.

Petite fabrique des rêves et des réalités, avec des photos de Karine Arlot, Stock, 2008.

Chronique monégasque, Folio Senso, 2008.

Le Cuvier de Jasnières, avec des photos de Jean-Bernard Métais, éditions Nicolas Chaudun, 2010.

Triple A, avec des dessins de Joël Frémiot, Le Livre Pauvre, 2011.

Autoportraits en miettes, éditions Nicolas Chaudun, 2012.

Parfums, Stock, 2012.

Jean-Bark, Stock, 2013.

THÉÂTRE

Parle-moi d'amour, Stock, 2008.

Le Paquet, Stock, 2010.

POÉSIE

Tomber de rideau, illustrations de G. Belgeonne, J. Delvaud et J. Strugalla, Æncrages & Co, 2009.

Quelques fins du monde, illustrations de Joël Leick, Æncrages & Co, 2011.

& CET AUTEUR QUI CONFIA UN LIVRE AU TITRE INTERMINABLE À UN ÉDITEUR BORDELAIS QUI LE FIT IMPRIMER EN DÉCEMBRE 2015 PAR L'IMPRIMERIE FLOCH À MAYENNE POUR QUELQUES AMOUREUX DES LIVRES QUE LA LITTÉRATURE FASCINAIT, ETC., ETC.